H. D'E. D'AIGUEPERSE

GABRIEL DE LA GRIÈRES

OU

UN PÉNITENT DU CURÉ D'ARS

Petite Pièce pieuse en un acte

15 Juin 1877

TOULON

TYPOGRAPHIE ET LITHOGRAPHIE L. GERMAIN ET M. MASSONE

56, BOULEVARD DE STRASBOURG, 56

1877

H. D'E. D'AIGUEPERSE

GABRIEL DE LA GRIÈRES

OU

UN PÉNITENT DU CURÉ D'ARS

Petite Pièce pieuse en un acte

15 Juin 1877

TOULON

TYPOGRAPHIE ET LITHOGRAPHIE L. GERMAIN ET M. MASSONE

56, BOULEVARD DE STRASBOURG, 56

1877

DÉDICACE

A ELLE...

A toi, noble et pieuse amie! qui es l'âme de mon cœur et le cœur de mon âme,

A toi ces quelques pages écrites dans ma solitude, pour te distraire un peu en t'édifiant.

E. A.

H. D'E. D'AIGUEPERSE

GABRIEL DE LA GRIÈRES

OU

UN PÉNITENT DU CURÉ D'ARS

Petite Pièce pieuse en un acte

La scène se passe dans une toute gracieuse villa des environs de Paris.

Salon Louis XV, orné de tapisseries antiques et de tableaux de maîtres, symétriquement séparés par de riches panneaux, représentant quelques portraits de famille, encadrés de moulures d'or sur fond grenat.

Vaste cheminée, dont le manteau est garni de candélabres et de potiches, au milieu desquels se remarquent différents groupes artistiques, entourant une de ces pendules monumentales que surmonte une Renommée en similor.

Aux angles, consoles avec bronzes, porcelaines de Saxe, de Sèvres et de vieux Rouen, dit *à la corne*. Meubles, genre rocaille : canapés, fauteuils, causeuses.

Double porte au fond ; à droite, un piano d'Erard; à gauche, une crédence Louis XIV, avec porcelaines de Chine et du Japon et amphores romaines.

Au centre, un guéridon couvert de journaux, de livres et de revues, pêle-mêle parmi des objets d'art.

Au lever du rideau :

Anatole de la Roche est assis au piano, et ses doigts, se promenant sur le clavier, essaient quelques préludes ; puis il chante en s'accompagnant.

SCÈNE PREMIÈRE.

ANATOLE DE LA ROCHE *seul.*

SOLO :

J'ai possédé tous les biens qu'on envie,
Dans la vie,
Sans être heureux...
Mon cœur déçu n'a plus qu'une espérance :
La souffrance...
Ah ! c'est affreux !..

(Abandonnant le piano.)

Hélas ! c'est en vain que j'essaierais de me distraire : je ne le puis plus !...

En vain, pour combler je ne sais quel vide, mon âme évoque-t-elle ses plus joyeux souvenirs : à ma tristesse s'ajoutent le découragement et le dégoût...

(Revenant au piano.)

Allons, allons ! ne nous laissons pas abattre sans lutter de toute la force qui nous reste...

Essayons de nous inspirer de quelque ravissante harmonie dont l'expression céleste enthousiasme la pensée.

SOLO ;

Adieu, GABIE ! adieu : je vais partir !...
Au beffroi du castel, l'heure est déja sonnée
L'Hirondelle m'attend... GABIE, il faut mourir...
Adieu ! mais souviens-toi......

(Se levant avec émotion.)

Quel génie de mort chante, sans cesse, le désespoir par ma bouche ?...

Pourquoi ces larmes dans la voix?...

Vais-je donc franchir le portique où s'arrête l'espérance?...

(Se parlant à lui-même.)

Et après, Anatole?... Oui... et après?...
Oh!.... ma tête s'égare!....

(Tombant à genoux; — grand jeu de scène.)

Dieu de ma mère, ô toi, dont la puissance est sans bornes! quelle est ta volonté?....

Daigne me la faire connaître; ne me laisse point en cet état.... mais plutôt, parle, et ne permets pas que, semblable à ces nuages que chasse la tempête, j'aille me perdre où nul doigt n'a tracé mon chemin....

(Se relevant.)

Dieu rejeterait-il ma prière?... Je ne me sens pas entendu!....
Mais alors que devenir?...

(Se portant près de la rampe.)

Je suis jeune, et déjà la douleur a sillonné mon front?....

Déjà s'est produit en moi le dégoût de toutes choses... et comme si j'avais bu à toutes les coupes du « banquet de la vie, » je me vois, en quelque sorte, contraint de m'en retirer, ayant la bouche amère d'intempérance.... et le cœur presque glacé de déceptions.....

(Se rejetant en arrière, les bras tendus.)

Se peut-il!..... Quoi! le suicide, à mon âge, serait le seul refuge qui me reste?.....

Le suicide, dis-je... mais... c'est le courage de mourir en lâche!...
Arrière!.... Les de la Roche ne forlignent pas!....

(Résolument.)

Non, non!.... je vivrai.... je le veux, parce que je le dois....
Je vivrai (*bas*) pour donner la mort à l'esprit infernal qui m'obsède!..

(Sonnant sur un timbre.)

Hola!.... mes gens!...

SCÈNE II.

ANATOLE DE LA ROCHE, PATHIOT, *valet de chambre et homme de confiance d'Anatole.*

PATHIOT *en livrée.*

(Il salue très profondément.)

(*A part.*) Pas moyen de dormir vingt-quatre heures tranquille. (*Haut.*) Que désire monsieur le comte ?...

ANATOLE.

Que mes deux mecklembourg soient, dans dix minutes, attelés à mon coupé anglais.

PATHIOT.

(Il chiffonne son gilet de peau, jaune d'or.)

(*A part.*) Oui-da !... (*Haut*). C'est possible ; mais monsieur..... cependant....

ANATOLE, *avec vivacité.*

Fais-moi grâce de tes observations, Pathiot.

PATHIOT, *bas.*

C'est-y dur, tout de même, que de servir chez les autres.... on n'a voix qu'à la porte ou dans la rue.... mais bah ! on a le moyen de s'en consoler.

(Pantomime.)

ANATOLE.

Que murmures-tu ?... Voyons, vite, réponds.

PATHIOT.

Je dis que...

ANATOLE.

Quoi ?

PATHIOT.

Rien.

ANATOLE.

Tu mens, mon garçon.

PATHIOT.

Ça se voit donc ?

ANATOLE.

Ça s'entend surtout... mais va, dépêche; car *(regardant la pendule)* je suis en retard.

PATHIOT.

J'y vas, Monsieur le comte, j'y vas; mais certainement que... *(A part.)* Je dis des bétises... *(Haut.)* Monsieur oublie que...

ANATOLE.

Que ?...

PATHIOT.

C'est pour dire... si monsieur le permet... que... mais, d'ailleurs je descends...

ANATOLE,

(A part.) Toujours le même.. *(Haut.)* Explique-toi donc, Pathiot, car, en vérité, je perds patience ?...

PATHIOT.

Défunt Monsieur le comte, votre noble père, — que Dieu ait son âme à s't'-heure et la vôtre plus tard, — ne me traitait point comme un bassecourier.

ANATOLE.

Et, par reconnaissance, tu désirerais, sans doute, que je descendisse, à ta place, donner mes ordres?..

PATHIOT.

Oh! pour ça non, par exemple!... Monsieur le comte sait bien que je suis trop fier de mon emploi et trop content de moi pour laisser à un autre le soin de me remplacer...

Ah! c'est que, voyez-vous, mon maître, quand vous dites oui, je dis oui aussi moi; et personne, devant Baptiste Pathiot, n'oserait dire non.

D'ailleurs n'êtes-vous pas...

ANATOLE.

Pas trop complaisant de t'entendre, hein ?..

Que veux-tu ? c'est une faiblesse que m'a léguée mon père.

PATHIOT.

(*A part.*) Elle est forte celle-la!...

ANATOLE.

Allons, fais diligence; car, à dix heures, j'ai rendez-vous aux Italiens.

PATHIOT.

Fáites excuse, monsieur le comte; moi je croyais que le rendez-vous devait avoir lieu ici, à s't'heure-là environ.

ANATOLE.

(A part.) Mais il devient fou, ce garçon... *(Haut.)* Mon ami, je ne saisis pas...

PATHIOT.

(A part.) Ni moi non plus... *(Haut.)* J'ai l'honneur de faire observer à Monsieur le comte...

ANATOLE.

Vite, vite! pas de phrases.

PATHIOT.

(A part.) Ça m'offusque, ça me déroute d'être brusqué ainsi... *(Haut.)* Je pensais à vous dire seulement que, nonobstant le respect que je vous dois, Votre Seigneurie ne peut sortir ce soir.

ANATOLE *avec hauteur.*

Qu'est-ce?... que signifie?...

PATHIOT.

Ce monsieur qui... vous savez?...

ANATOLE.

Achève donc!...

PATHIOT.

Celui qui a une tête...

ANATOLE, *avec impatience.*

C'est à n'y plus tenir !... Où est la tienne, malheureux ?...

PATHIOT, *se palpant l'occiput.*

Ah ! m'y voici : il s'appelle... non, il ne s'appelle pas ; car, comme monsieur disait l'autre jour : on se trouve sans s'appeler quand on a besoin de soi.

ANATOLE *souriant.*

Assez... laisse-moi... et que mes ordres s'exécutent à l'instant.

PATHIOT, *se retirant en arrière et saluant.*

Je dis qu'il se nomme monsieur... monsieur... Max de Saint-Just. (*A part.*) Je savais bien que je le savais, pardié !

(Il sort.)

SCÈNE III.

ANATOLE *seul.*

Je retraiterai ce vieux garçon, il me fatigue et m'énerve outre mesure... Ne vient-il pas de dire que Max de Saint-Just... (*Se portant la main au front.*) Mais, en effet, Baptiste a raison... c'est aujourd'hui le 15 ; et Max, je me le rappelle, arrive chez moi, ce soir... Comment ai-je pu l'oublier ?..

Ainsi je ne puis décidément pas me rendre aux Italiens...

Je vais envoyer un mot, par Fritz.

Et maintenant du courage ! secouons cette torpeur ou plutôt ce sombre désespoir...

Allons ! que mes noires pensées se dissipent... et que mon abattement se cache, aux yeux de Max, sous l'attrait factice d'une aimable et bruyante humeur...

Somme toute, que me manque-t-il pour être heureux ?..

Des amis ? . mais je crois en avoir de sincères et de vrais dans Max et surtout dans Gabriel, si j'en juge par les témoignages que j'en ai reçus...

Serait-ce, par exemple, la gloire d'obtenir des succès dans le monde de nos salons?..

C'est le moindre de mes soucis...

Enfin, ai-je, comme Emile et tant d'autres, la vaine ambition de vouloir me transmettre à la postérité ; et, moins fortuné qu'ils ne le sont, le génie fait-il défaut à mon orgueil ?..

Je n'y songe même pas : l'opinion d'autrui, dès à présent, ne me préoccupe pas assez, pour que je m'en inquiète quand je ne serai plus...

Qu'est-ce donc qu'il me faut?..

N'ai-je pas un revenu dont le capital s'accroît chaque jour ?.. Et le temple de la Bourse n'a-t-il pas son dieu dans mes cassettes ?..

N'est-ce pas avec de l'or que s'achètent aujourd'hui les personnes et les choses !..

Et, grâce à ce métal, devenu l'âme de la force, primant le droit, et la puissance de toute intrigue, ne rencontre-t-on pas, à chaque instant, des cuistres transformés en conseillers d'Etat, des épiciers en ministres, des sots en gens d'esprit et des laquais singeant les grands seigneurs ?..

En vérité, si je ne suis pas heureux, je dois avouer que j'ai au moins de quoi le devenir...

(On frappe)

Entrez !..

SCÈNE IV.

LE MÊME, PATHIOT.

PATHIOT.

(Il s'avance tout près d'Anatole, qui est assis, et lui présente une lettre sur un plateau d'argent.)

On a l'honneur de prévenir monsieur que cette lettre vient de Lyon, et qu'elle est en retard de huit jours.

ANATOLE.

Qui l'a apportée ?

PATHIOT.

Ce n'est pas le facteur...

(Anatole hausse les épaules.)

C'est un étranger étrange qui parle tout bas, tout bas... Que monsieur se figure quéqu'un comme qui dirait un frère qu'a désarté le couvent...

ANATOLE.

Fais-le monter.

PATHIOT.

Pour ça c'est guère facile...

ANATOLE.

Est-ce qu'il s'en est allé ?

PATHIOT.

Oui, comme si le diable l'emportait.

ANATOLE.

Le diable, sûrement, t'eût choisi de préférence ; mais ce qui est différé n'est pas perdu.

PATHIOT.

Merçi, seigneur comte.

ANATOLE.

Il n'y a pas de quoi.

PATHIOT.

Merçi, quand même... et que Dieu vous le rende...

ANATOLE.

(*A part.*) Le vieux drôle... (*Haut.*) C'est bon, tu peux te retirer.

(Pathiot se retire ; il est rappelé.)

Attends, mais non, va, et dis à Fritz de monter ici.

(Il prend une plume et écrit une petite note au dos d'une de ses cartes de visite).

Je ne puis moins faire que des excuses de ne pouvoir me rendre où je suis attendu.

(Il met sa carte sous enveloppe, écrit l'adresse, puis, rompt le cachet de la lettre qu'il vient de recevoir. Pendant ce temps, Pathiot parle bas et gesticule, en ayant l'air de s'occuper.)

(Anatole se croit seul et vient de voir la signature de Gabriel au bas de la lettre qu'il a en mains.)

C'est de Gabriel !... Ah ! par exemple, j'étais loin de songer à ce qu'il m'écrivit de Lyon.

(Apercevant son valet de chambre.)

Eh bien, qu'espères-tu ?

PATHIOT *un peu embarrassé.*

Rien, nonobstant les ordres de monsieur...

ANATOLE.

As-tu prévenu Fritz ?

PATHIOT.

J'y cours...

(Il tourne sur lui-même ; mais il ne se retire pas.)

ANATOLE.

Tu es encore là ?...

PATHIOT.

Il faut bien que je m'acquitte de mon service et que je dise à monsieur...

ANATOLE.

Quoi ?

PATHIOT.

Qu'il est attelé...

ANATOLE.

Ah ! je suis attelé, vieux sacripant !... Mais tu ne perdras donc jamais la grossièreté de ton jargon ?

PATHIOT.

Pardon ! c'est moi qui suis attelé (*à part*) à la maison... (*Haut.*) Monsieur le comte sait bien que je n'ai pas reçu d'inducation et qu'on doit pardonner à ma langue quand elle tourne du côté qu'il ne faut pas... je voulais dire tout courtement que le coupé anglais attend Monsieur au bas du perron.

ANATOLE.

Qu'on le remise; je ne sors point.

PATHIOT *faisant force saluts.*

(*A part.*) C'est égal, je vais savoir, par Fritz, où Sa Seigneurie devait aller...

(Il sort.)

SCÈNE V.

ANATOLE *seul.*

(Il a toujours la lettre sous les yeux et s'avance sur le devant de la scène.)

Que viens-je de lire!... mais non, ce n'est pas possible... quoi!... lui, Gabriel!.. Gabriel, le commensal de nos illustrations... Gabriel, le distingué fashionable de la Chaussée-d'Antin...

Gabriel qui, dernièrement encore, faisait du bois de Boulogne le temple du bon goût, et de ses luxueux équipages, le point de mire de Longchamps... Lui, lui, Gabriel, quitterait, abandonnerait subitement le monde, où il règne en roi, pour se faire religieux?...

Je puis croire à l'abdication de Charles-Quint; mais à celle de mon ami Gabriel de la Grières, cela me paraît impossible!...

Je dois avoir mal vu; relisons.

(Il lit à haute voix et avec émotion.)

« Bien cher Anatole,

« La cordiale et délicate affection qui, depuis nos plus tendres « années, nous lie fraternellement l'un à l'autre, m'a toujours im-

« posé, comme un devoir agréable à remplir, le soin de te faire par-
« ticiper à mes joies ou à mes tristesses, en te communiquant mes
« triomphes ou mes déboires.

« C'est pourquoi, aujourd'hui surtout, j'ai hâte de t'annoncer une
« de ces nouvelles incroyables qui font époque dans la vie de tout
« homme qui, ainsi que Saül, se voit arrêté dans la folie de sa
« course, par une main dont la puissance est divine...

« Gabriel perd l'esprit, dois-tu dire...

(Répondant à cette supposition.)

— Ce me semble... et si ce n'est toi, c'est moi... l'un ou l'autre : toi qui me parais incompréhensible en ce moment; ou moi qui ne suis pas en état de te comprendre; mais poursuivons :

« Cependant, je crois n'avoir jamais été plus lucide...

« Ecoute, Anatole, et tâche de m'entendre : Le huit du mois de
« novembre passé, nous eûmes, s'il t'en souvient, le plaisir de dé-
« jeuner en compagnie de gens dont la plupart gouvernent l'opinion.

« Tous, hommes de lettres, — philosophes, — romanciers, — jour-
« nalistes, — publicistes et poètes ;

« Tous, raisonnant de tout avec beaucoup plus d'esprit que de
« bon sens, et infiniment plus d'art que de cœur ; tous connaissant
« *tout*, et s'ignorant eux-mêmes ;

« Tous se déclarant les flambeaux de l'humanité, et grouillant,
« malgré cela, dans d'épaisses ténèbres... Enfin, tous s'estimant
« des dieux, et se reconnaissant pleins de faiblesse et d'impuissance
« dans les égouts de la matière...

« Tu te rappeles, Anatole, que, le soir de ce jour, nous allâmes
« aux Français, et que ce fut dans notre loge que l'un des rédacteurs
« des *Débats* nous apprit quelle venait d'être la fin tragique des
« deux plus illustres personnages avec lesquels nous nous étions
« réjouis le matin...

— Hélas ! c'est depuis ces deux affreux suicides que j'ai perdu le repos !..

(Il continue la lecture de la lettre).

« Tu as souvenance des pensées que nous exprimâmes et des ré-
« flexions que nous fîmes alors ?.. Et tu sais combien, en face de
« leurs cadavres, nous restâmes convaincus que tout ce qu'offre la
« terre ne vaudrait, certes ! pas la peine d'y demeurer, si autre chose
« n'était le but de la vie...

« Pour le moment, mes réflexions ne furent pas au-delà ; et j'avoue,
« à ma honte, que je n'y aurais plus songé, sans une intervention
« toute providentielle.

SCÈNE VI.

LE MÊME, FRITZ.

FRITZ.

Je viens prendre les ordres de Monsieur.

ANATOLE *très ému.*

(Il prend sur le guéridon l'enveloppe contenant sa carte, qu'il remet à Fritz)

Porte ceci à son adresse, et le remets à la personne même...

FRITZ.

Attendrai-je une réponse ?...

ANATOLE.

Non : reviens immédiatement...

(Fritz sort ; mais en ouvrant la porte, on aperçoit Pathiot qui l'attend et lui fait un signe d'intelligence.)

SCÈNE VII.

ANATOLE *se portant la main au cœur.*

Je crois fort que cette intrigue touche à sa fin... nous verrons...

(Il reprend la lettre, qu'il avait déposée sur le manteau de la cheminée.)

Continuons la lettre de ce cher Gabriel :

« Imagine-toi que le sept décembre, c'est-à-dire peu après, à « mon retour d'une partie de chasse où ton absence avait été presque « un scandale ; à mon retour, dis-je, je trouvai, chez moi, ces « lignes :

« Je regarde comme une injure qui demande réparation, les « paroles blessantes que vous m'avez adressées hier ; et ne pouvant « vous en demander raison aujourd'hui, puisque vous êtes absent et « que moi-même je reçois l'ordre de mon colonel de me rendre im- « médiatement à Lyon, je pars en prévenant M. Gabriel de la « Grières, que j'aurai l'honneur de l'attendre après demain, au « Parc de la Tête-d'Or, à 10 heures du matin, avec des armes à son « choix.

« DE PERCEVAL,

« Lieutenant au 10e Chasseurs. »

— Et je n'en ai rien su... Voyons donc ce qui est arrivé :

« C'est bien, dis-je, après avoir lu : pour réponse, je lui enverrai « une balle dans son billet.

« Or, n'ayant pas le temps de te prévenir, pour que tu me ser- « visses de second, je partis aussitôt, et me trouvais au rendez-vous « à l'heure indiquée.

« Mais juge de ma surprise : Dès que l'officier m'aperçut, il vint à « moi et, me serrant les mains avec effusion, il me pria de bien

« vouloir agréer ses excuses avec un tout autre sentiment que je « n'avais dû recevoir son billet...

« J'ai mal interprêté vos paroles, monsieur, me dit-il : elles ont « été celles d'un homme de cœur ; et j'en douterais, que votre pré- « sence ici m'en convainc...

« Veuillez-donc ne vous rappeler que du regret que j'exprime en « ce moment.

— C'est plus que singulier...

(Il lit de nouveau.)

« Après trois jours passés à Lyon, j'allais revenir te faire part de « l'aventure, lorsque, au Grand-Hôtel où je me trouvais, un étranger « me demanda si je connaissais *le bon curé d'Ars.*

« Je répondis ironiquement que je n'avais pas cet honneur. Puis « par un retour inexplicable, j'ajoutai : Quel est-il ce bon curé?... Et « aussitôt l'étranger entra dans les détails d'un merveilleux tel que « ma curiosité n'y put tenir.

« Sans plus de délai, je fis seller un cheval et partis fond de train « pour Ars, où je ne tardai pas d'arriver.

« Anatole, le croiras-tu ?... Cet homme de Dieu, le curé d'Ars, « entouré d'une foule immense, m'attendait sous le porche de son « église :

« — *Hâtez-vous, enfant, me cria-t-il, je sais ce que demande* « *votre âge...*

« Et moi de rester interdit à cette voix qui me remuait l'âme... « J'admirais néanmoins son visage austère altéré par de longs jeû- « nes, mais dont le sourire se trouvait éclairé par de célestes rayons.

« Sois attentif, Anatole, car voici littéralement les propres paro- « les du saint :

« — *Gabriel.*

(Anatole est stupéfait.)

— Quoi, il l'a nommé sans le connaître.

« *Gabriel, jusques à quand, allez-vous sacrifier à vos passions*
« *et continuer à ne tenir aucun compte des largesses de Dieu à*
« *votre égard ?...*

« *N'espérez pas être heureux par la satisfaction des désirs ter-*
« *restres : car, au fur et à mesure que vous les satisferez, de*
« *nouveaux désirs naissants éloigneront toujours un nouveau*
« *bonheur à venir... et cela, mon ami, jusqu'à ce que l'infini*
« *remplisse votre cœur, fait pour le posséder... m'entendez-vous?*
« reprit-il, en me tendant les bras. »

« Je tombai à ses pieds... et mes larmes les arrosèrent, en exprimant ce que ma bouche ne pouvait dire.

« M'ayant relevé avec tendresse, il ajouta :

« — Vous aussi, et d'autres encore après vous, sont les prodigues
« de la Providence !... Vous revenez... Ils reviendront, et le ciel
« s'en réjouira...

« Vous avez failli mourir par un crime, il y a trois jours... Et si,
« à cette heure, vous n'êtes point condamné au tribunal de la jus-
« tice de Dieu, sachez, enfant, que vous en êtes redevable à la noble
« et sainte mère qui vous a donné le jour et qui ne cesse d'inter-
« céder pour vous dans le ciel...

— Quel homme est-ce donc que ce prêtre ?... j'en ai le frisson.

(Il termine la lecture de la lettre).

« Enfin que te dirai-je. J'abjurai mon passé en accusant mes
« fautes. Et maintenant, Anatole, par reconnaissance et par amour,
« je dis adieu au monde, un adieu éternel !... Me consacrant au
« service du divin crucifié.

« Je t'écris de Fourvières où je suis en retraite.

« Le quinze de ce mois, c'est-à-dire dans quelques jours, je vien-
« drai t'embrasser pour la dernière fois.

« Ton ami,

« GABRIEL. »

— C'est aujourd'hui...

(Il se couvre le visage de ses mains et paraît fortement ému .. Il dépose la lettre sur la cheminée, murmurant : Mon Dieu ! ô mon Dieu ! fait quelques pas dans une agitation grande ; puis il s'arrête comme pour répondre à quelqu'un qui l'interrogerait.)

SCÈNE VIII.

LE MÊME, PATHIOT, *annonçant M. Max de Saint-Just.*

MAX.

(Il fait une entrée bruyante).

Peste soit de tes gens ! Anatole ! Je n'ai jamais rien vu d'aussi lourd, si ce n'est la berline de mon vieil oncle, quand des ânes la traînent.

Mais comment vas-tu, cher ?

(Il lui serre la main en la secouant.)

Tu sais que ta villa est le Trianon qui, demain, nous sert de rendez-vous de chasse ?... Nous serons nombreux, et tous dans les meilleures dispositions...

ANATOLE, *triste et rêveur.*

Ah ! vraiment ?...

MAX.

Tiens ! mais, sans cela, serais-je venu ce soir ? D'ailleurs n'était-ce pas convenu ?

ANATOLE, *toujours rêveur.*

En effet... Cependant...

MAX.

Cependant quoi ?... Es-tu malade ? nous te soignerons ; quant au reste, je m'en charge, grâce à Fiston, mon groom, me servant de *factotum*, un vrai fripon pur sang, en herbe...

Pour le quart d'heure, asseyons-nous... et qu'on nous apporte une infusion de thé dans du punch romain.

ANATOLE, *d'une voix sentencieuse.*

Max, écoute...

MAX.

J'écoute. (*A part.*) Il a quelque chose...

ANATOLE.

Je crains fort que nous ne puissions nous comprendre, au moins quant à présent.....

MAX.

Plaît-il ?... Ça ! morbleu ! quelle mine fais-tu ce soir ?

On dirait d'un Anglais attaqué du spleen !....

Y a-t-il long temps que tu n'as déjeuné cher Tortoni ?

Et, à propos, d'où vient que tes aimables saillies ne se font plus entendre au Jockey-Club ?....

ANATOLE.

Je pourrais te le dire si certains sentiments pouvaient s'exprimer avec toi....

MAX.

Tu plaisantes par trop sérieusement !..... Me compares-tu donc à un algonquin, à un troglodyte ou à quelque boyard des steppes de

Russie, pour ne point saisir la délicatesse de tes impressions et les partager même, s'il y a lieu ?...

Allons, voyons, Anatole ! entre amis point de mystère...

Qu'as-tu, Anatole ? je veux le savoir.

ANATOLE.

N'insiste pas, je t'en prie...

MAX.

Je dois insister : c'est mon devoir.

ANATOLE.

Mais....

MAX.

Parle : mon amitié l'exige.

ANATOLE.

Tu le veux ?....

MAX.

Comment donc ! mais certainement, très certainement...

ANATOLE.

Eh bien soit !

(Il se place en face de Max.)

Je suis las de l'existence que je mène !..

MAX, *riant aux éclats.*

Connu ! cher, connu !.. Ce n'est rien : du Goëthe mis en pratique, sous l'influence de Rousseau..... Ah ! ah ! ah ! ce cher Anatole !.... Mais sais-tu que tu deviens parfois d'un tragi-comique saisissant ?

ANATOLE.

Je prévoyais bien que tu ne m'entendrais pas...

MAX.

Tu prévoyais mal ; car j'estime que j'entends au mieux ce qui t'affecte....

Je te l'ai dit mille fois, et je te le répète encore — que l'homme est le plus à plaindre des animaux, quand il use de sa raison pour déraisonner ; et, à mon avis, tu déraisonnes en disant que tu es las de l'existence....

ANATOLE.

Oui, de celle que je mène....

MAX.

Voudrais-tu donc imiter, non Werther, mais Gérard de Nerval, cet hypocondriaque auteur qui chercha dans la mort le secret de la vie ?....

Sache une bonne fois, très-cher, sache qu'il n'est point de fou comparable au sage qui se laisse gouverner par le sentiment....

ANATOLE.

Ce n'est pas à moi que s'adressent tes paroles, Max : tu confonds.

MAX.

C'est-à-dire que je distingue parfaitement ton état normal de celui dans lequel je te vois, ce soir.

ANATOLE, *se levant.*

(*A part.*) Aurais-je honte ?.... et la vérité ferait-elle rougir mon front ?..... (*Haut.*) Max, me connais-tu ?....

MAX.

Quelle question ! et quel air solennel tu prends pour me la faire...

ANATOLE.

Me crois-tu capable de t'abuser en me trompant ?...

MAX.

Nous sommes généralement capables de tout, même sans nous tromper....

On peut aussi vouloir le bien et faire le mal....

ANATOLE.

C'est précisément ce que je crois avoir fait jusqu'ici ; et afin que tu en juges avec connaissance de cause, je me déclare coupable de tout ce qu'on peut avoir à me reprocher, que je l'aie ou non voulu... et je reconnais que rien n'est grand si ce n'est Dieu ! de même que rien n'est digne si ce n'est de le servir....

MAX.

(Il se lève vivement.)

(*A part.*) Que s'est-il passé dans cette maison depuis que je n'y suis revenu ?...

(Regardant Anatole avec une espèce de stupeur.)

(*Haut.*) Anatole, que viens-tu de dire ?...

ANATOLE.

Que je veux désormais pratiquer la vertu... en chrétien !...

MAX.

Anatole, tu as la fièvre. . et j'imagine que le repos t'est plus nécessaire que mes arguments.

ANATOLE.

Soit; mais que cela ne t'empêche pas de discourir à ton aise...

MAX.

De fait, j'avoue que tu deviens, chaque jour, de plus en plus incompréhensible...

ANATOLE.

Pure imagination de ta part, cher Max.

MAX.

Sont-ce donc là tes dispositions habituelles ?

Aurais-tu cessé d'être le disciple intelligent de nos premiers grands maîtres dans l'art de penser...

Cousin ne charmerait-il plus ton cerveau, et le panthéisme, ton cœur !...

Il est vrai, cependant,— je le constate,— que, parfois, tu affichais, envers l'un et l'autre, le scepticisme le plus désopilant; mais à cela près...

ANATOLE.

A cela près, j'étais fantaisiste, comme toi...

MAX.

Moi, c'est une autre affaire : je ne crois à rien, étant quelque peu libre-penseur.

ANATOLE.

Toi, libre-penseur !.. depuis quand ?...

MAX.

Depuis que ma raison s'est substituée à ma foi.

ANATOLE.

Celle-la t'ayant prouvé que celle-ci te gênait...

MAX.

Elle m'a prouvé que tout principe a ses conséquences.

ANATOLE.

A la bonne heure ! comme par exemple, la négation du Créateur a pour conséquence logique la négation de la création.

MAX.

La raison n'a-t-elle pas établi que l'homme n'a point d'âme ? et que ce qu'on appelle ainsi n'est tout simplement qu'un résultat du jeu de nos organes?...

ANATOLE.

La raison des libres-penseurs, oui ; mais non la raison proprement dite.

La première, en s'inscrivant en faux contre elle-même, prouve qu'on peut dépenser son esprit à démontrer qu'on n'en a pas ; tandis que la seconde...

MAX.

Grâce ! grâce ! je sais le reste.

Toutefois avoue que tu as le sang agité d'une singulière façon, depuis quelques heures...

ANATOLE.

Depuis, n'est-ce pas ? que tu me vois résolu à vivre selon la doctrine du christianisme.

MAX.

Le christianisme, il est vrai, a régénéré l'homme en le civilisant. Je t'accorde que de toutes les institutions, il a été incontestablement la plus sublime et la plus appropriée aux besoins de l'humanité ; mais son œuvre accomplie, il doit disparaître avec son temps : ainsi le veut le progrès.

ANATOLE.

Comme nous sommes savants et surtout bien élevés.

MAX.

Etablis-moi par des preuves irréfutables que le Christ est Dieu ; et, dès ce soir, tu verras quel parti prend un homme de cœur, quand la foi le possède.

ANATOLE.

Dès ce soir, si j'en crois mon pressentiment, tu prendras ce parti.

MAX.

Ah ! par exemple ! je voudrais bien voir comment... et je jure que je donnerais ma meute, mes piqueurs et mes paniers de chasse pour que Gabriel fût ici afin d'en témoigner... il partagerait avec moi le plaisir de t'entendre en sceptique qui sait gloser.

ANATOLE.

Peut-être.

(Il prend la lettre de Gabriel et la lui présente.)

Tiens, lis... lis bien surtout...

Puis permets que je m'absente pour donner quelques ordres. Je suis à toi, à l'instant.

(Il sort.)

SCÈNE IX.

MAX *seul.*

(Il déplie la lettre.)

Qu'importe cette lettre à la question? En quoi d'ailleurs peut-elle m'intéresser ? (*La parcourant du regard.*) Mais... c'est l'écriture de Gabriel ! En voilà un, corbleu ! dont les idées sont concises, claires et fortes... Si jamais la logique d'Anatole en triomphe, je me fais trappiste... (*Lisant bas.*) Hein !.. que vois-je ?... comment ?...

Ne me trompé-je pas ?... *(Se frottant les yeux.)* C'est une hallucination !...

(Grand jeu de scène.)

Impossible !... impossible !.. Gabriel converti !!! Allons donc !..

(Il lit bas et dans la plus vive agitation, puis il dépose la lettre et la reprend.)

Ah !... je m'explique Anatole, maintenant...

(Avec émotion et terreur.)

Dieu serait-il Dieu ?

. . . .

SCÈNE X.

LE MÊME ET PATHIOT.

PATHIOT, *portant le thé.*

C'est y drôle tout de même *que*... (*Apercevant Max.*) Pardon ! Ah ! *que* monsieur pardonne... je croyais *que*...

MAX, *se retournant.*

Dis-moi, Pathiot, y a-t-il longtemps que tu n'as vu monsieur de la Grières ?

PATHIOT, *tenant toujours son thé.*

Ça se peut deviner, monsieur ; et même je vas vous le dire immédiatement, tout de suite.
Monsieur permet que je me débarrasse.

MAX.

Sans doute.

PATHIOT *posant le thé sur une table* ad hoc.

C'était, voyons... excusez... c'était sûrement, à peu près, comme qui dirait à la mi-septembre... mon maître n'y était pas, ni moi non plus ; mais Fritz, le valet de pied, l'a vu qu'il était avec monsieur Emile qu'est malade... on dit qu'il va mourir...

MAX *avec impatience.*

Qui ?

PATHIOT.

Monsieur Emile, donc !

SCÈNE XI.

LES MÊMES ET ANATOLE.

ANATOLE *à Pathiot.*

C'est bien, va...

PATHIOT.

C'est tout ce que monsieur désire ?

ANATOLE.

Oui, pour le moment.

PATHIOT.

J'ai apporté un service de plus, comme monsieur me l'a recommandé.

ANATOLE.

A merveille, mon garçon ; et s'il arrive, comme je l'espère, une troisième personne, annonce-la nous aussitôt.

PATHIOT.

(*A part.*) C'est la personne du rendez-vous ; je vas la voir...

(Il sort.)

SCÈNE XII.

ANATOLE, MAX.

MAX, *bouleversé.*

Qui attends-tu donc ?..

ANATOLE.

Regarde au bas de la lettre.

MAX, *lisant à haute voix.*

« Le quinze de ce mois, c'est-à-dire dans quelques jours, je viendrai t'embrasser pour la dernière fois... »
Quelle coïncidence de faits... Une main mystérieuse semble avoir tout conduit...

(Grand jeu de scène.)

SCÈNE XIII.

LES MÊMES, GABRIEL DE LA GRIÈRES.

PATHIOT *annonçant :*

Monsieur le marquis de la Grières!

(Anatole et Max s'avancent pour le recevoir.)

GABRIEL DE LA GRIÈRES.

Vive Dieu! mes amis : je ne souhaitais rien tant que de vous trouver ensemble... (*Ils s'embrassent.*) Vous avez reçu mes lettres, n'est-ce pas?

ANATOLE.

Voici la mienne entre les mains de Max ; elle m'est parvenue, il y a quelques instants à peine ; et je vais y répondre.

GABRIEL.

Et la tienne, Max, a, je le gage, éprouvé le même retard ?... C'est à un frère servant que je les avais confiées, il y a quelques jours ; et si elles ne vous ont été remises qu'aujourd'hui, louons en Celui qui seul dispose des projets de l'homme.

ANATOLE.

(*A part.*) Quel changement !

MAX.

(*A part.*) Je ne le reconnais plus... (*Haut à Gabriel.*) Bien cher Gabriel, je ne suis point porteur de la lettre que tu m'as écrite, attendu que, depuis trois jours, je vis assez mal hors de chez moi ; mais, comme je la suppose conforme à celle d'Anatole, ainsi que lui je vais être heureux d'y répondre.

ANATOLE.

Au thé, mes amis, s'il vous plaît ; approchons-nous.

MAX.

(Il présente un siége à Gabriel.)

Je me sens tout bouleversé.

GABRIEL.

Je n'en suis point surpris...

ANATOLE.

Ni moi : je m'y attendais...

GABRIEL.

Ma conversion, chers amis, a dû vous étonner au-delà de toute expression, n'est-ce pas ?... Et il a fallu, pour y croire, non seulement que vous me connussiez comme je vous connais, mais encore et surtout que vous restassiez convaincus qu'elle est l'effet certain, j'ose dire d'un miracle, en présence duquel l'orgueil de ma raison s'est senti foudroyé sous la puissance de la foi... de l'antique foi de nos ancêtres, messieurs ! de cette noble foi catholique qui a produit tant de héros dont s'honore l'histoire ; tant de génies dans les lettres et les sciences ; et tant de charité dans le cœur de Saint-Vincent-de-Paul !...

A ma lettre, je n'ajouterai que fort peu de mots ; daignez les retenir.

(Ils se lèvent et viennent se placer près de la rampe, de manière à faire face aux spectateurs.)

Tout homme qui se pique de raison doit savoir ce qu'il est, d'où il vient, ce qu'il veut et où il va...

S'il l'ignore c'est que son âme, stupide ou dépravée, en fait la plus à plaindre des créatures; s'il l'ignore, dis-je, c'est que son esprit, comme autrefois le mien, cessant d'avoir la conscience pour régulateur, se soustrait misérablement à la lumière, lui préférant les ténèbres où se cachent ses iniquités, n'est-ce pas là votre sentiment?.....

ANATOLE ET MAX.

En vérité!...

GABRIEL.

Cependant, lui aussi, comme tout homme en ce monde, cherche et veut le bonheur, cet état de félicité que nous nous proposons tous comme but de notre vie...

Ses travaux journaliers, ses veilles, ses sueurs et jusqu'à ses désordres en témoignent.

Mais, comme dit le bon curé d'Ars, les misérables intérêts que brassent nos passions, répondent toujours mal aux désirs infinis de nos cœurs...

Et voilà pourquoi, chers amis, nous sacrifions sans cesse au présent les éternelles jouissances de l'avenir !...

ANATOLE ET MAX.

Nous le reconnaissons...

GABRIEL.

Maintenant que vous dirai-je de plus, que vous ne sachiez déjà?...

De ma retraite, je viens de juger le monde, qui naguère avait pour moi tant d'attraits...

Il ne me représente plus que l'ensemble de toutes ces bruyantes vanités qui, naissant de rien, passent, vont, reviennent et disparaissent dans la poussière du siècle...

Demain je vous dirai adieu, et me séparerai, sans retour, de tout ce que j'aimais.

ANATOLE.

Demain, Gabriel, je te suivrai: car ton Dieu est le mien...

MAX, *avec enthousiasme.*

Nous serons trois, puisque la même foi nous anime...

GABRIEL.

Gloire à Dieu! le curé d'Ars l'avait prédit.

FIN.

Toulon. — Typ. et Lith. L. Germain et M. Massone, boulevard de Strasbourg, 56.

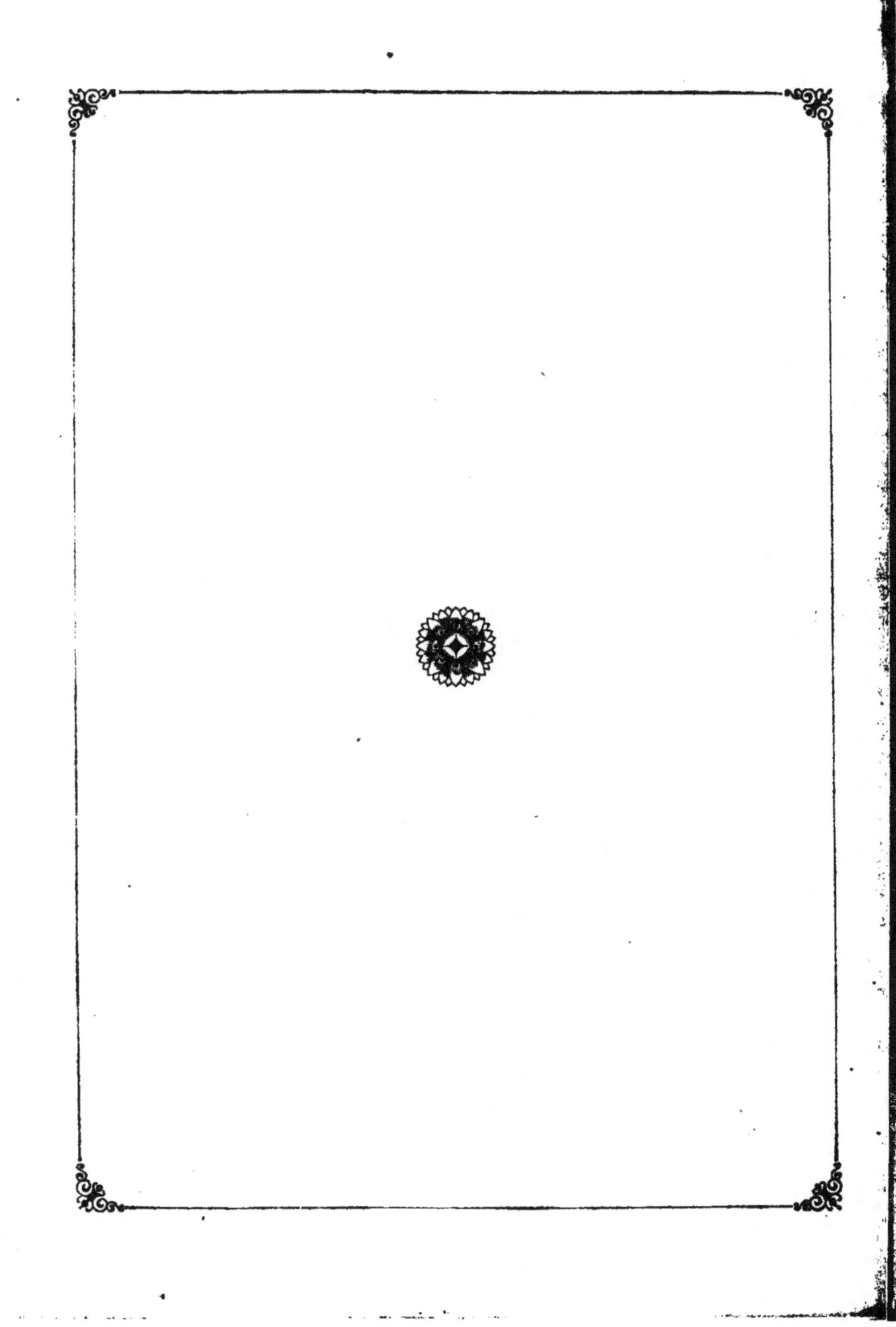

www.ingramcontent.com/pod-product-compliance
Lightning Source LLC
LaVergne TN
LVHW012022160826
845678LV00002B/973

* 9 7 8 2 3 2 9 6 5 2 1 2 2 *